DISCOURS

DE M. L'ABBÉ CLIQUET,

CURÉ DE TANNAY.

————————

C'est pour la troisième fois, Messieurs, que la même circonstance nous réunit dans cette église ; comme précédemment, avant que ne soient ouverts vos exercices, vous venez faire acte de chrétiens, remplir, autant qu'il est possible, le précepte qui rattache à Dieu l'individu comme la société... le précepte de la sanctification du dimanche. Cet acte vous honore, et est pour tous un salutaire exemple ; car, a dit Jésus-Christ, *l'homme ne vit pas seulement de pain* (1). Composé de corps et d'âme, il a des besoins et des devoirs qui participent de sa double nature : la prière est aussi nécessaire que le travail.

Or, placer vos exercices sous l'invocation religieuse, c'est remplir envers Dieu le plus saint des devoirs; c'est honorer en même temps le travailleur et soutenir son courage ; c'est le distinguer de l'animal et des instruments qu'il emploie.

————————

(1) St-Mathieu. — Ch. IV, V. IV.

Il devait être ainsi. Aussi bien les hommes honorables qui forment le Bureau du Comice, le personnage éminent qui les préside, et que le Nivernais comptera toujours parmi ses plus éclatantes illustrations, ont toujours compris ce qu'ils devaient à Dieu et à la société.

Vous allez célébrer la fête du travail dans une de ses applications les plus essentielles à l'humanité, l'agriculture.

Considérons la loi du travail dans son application générale et *chrétienne*.

Le travail est imposé à tous les hommes ; c'est la condition providentielle du progrès: sans le travail la terre demeure stérile; cultivée, elle devient féconde ; au travail l'esprit doit son développement et ses facultés. Ce n'est pas tout... l'âme, originellement viciée, où se meuvent les plus nobles, les plus purs et les plus pernicieux instincts, l'âme a besoin de se replier incessamment sur elle-même pour arrêter l'éclosion du vice. C'est au travail de la conscience, fécondé par la grâce, que l'homme doit sa vertu. La vertu, force morale appliquée au bien, ne s'acquiert qu'au prix de rudes exercices : *Tu mangeras ton pain à la sueur de ton front* (1). L'arrêt s'applique également aux besoins du corps et aux besoins de

---

(1) Genèse. — Ch. III, V. XIX.

l'âme ; aussi le moraliste chrétien, divinement inspiré ; a-t-il classé la paresse parmi les péchés capitaux.

La loi du travail, dans son application générale, n'est jamais moins comprise qu'aux époques d'agitations sociales ; c'est qu'elle repose sur le grand dogme de la déchéance et de la réhabilitation; et l'orgueil repousse toute idée de déchéance, tout besoin d'expiation et de sacrifice ; l'orgueil veut jouir ; sa loi est la loi du plaisir ; maxime destructive de l'ordre comme de la vertu !

Et pourtant l'homme est déchu; ses aspirations fiévreuses vers un bien idéal qu'il n'atteint jamais, le besoin de la vérité qui le presse, l'estime qui le porte vers le juste et l'honnête, l'inclination qui l'enchaîne au mal, accusent une nature profondément altérée, mais une nature dont les proportions sont encore magnifiques.

L'homme est déchu ; c'est le fait qui nous domine, attesté par les traditions universelles des peuples, et par ce long cri de douleur de l'humanité appelant, depuis Adam, un meilleur avenir !

Omnis creatura ingemiscit , et parturit usque adhuc; — toute créature gémit , dit saint Paul, et ressent comme les douleurs de l'enfantement (1).

Inclinons-nous devant la croix de J.-C. ! elle a

---

(1) St-Paul aux Romains. — Ch. VIII, V. XXII.

tout révélé : et la déchéance de l'homme , et sa grandeur primordiale, et la justice de Dieu infinie comme son amour, et la loi du sacrifice imposée à tous comme moyen de réhabilitation.

Sacrifice de Dieu à l'homme, sacrifice de l'homme à Dieu... voilà l'essence du christianisme.

Si quelqu'un, dit J.-C., veut venir à ma suite, qu'il se renonce et porte sa croix (1).

Dès lors, la vie présente n'est qu'un laborieux prélude ; le travail et ses amertumes , les peines du corps et de l'âme ont leur dénouement complet dans l'éternité.

Ces croyances font fléchir l'orgueil et les convoitises ; elles relèvent, fortifient, ennoblissent l'humanité ; elles constituent la sainte fraternité en Dieu, et placent les nations chrétiennes sur la voie du progrès.

C'est l'histoire de la civilisation chrétienne.

Dans l'ancien monde païen , l'orgueil et la débauche étaient sans limites ; l'homme méprisait l'homme ; avec le sentiment de sa dignité, il avait perdu l'espérance religieuse. Les deux tiers du genre humain étaient parqués comme un vil bétail, asservis à la toute-puissance et aux caprices de l'autre tiers : c'était pour les maîtres la loi du plaisir , et pour les esclaves l'avilissement et le travail sans espoir.

---

(1) Sᵗ-Mathieu. — Ch. XVI, V. XXIV.

Mais quand le christianisme eut promulgué, avec les titres de notre immortelle espérance, les doctrines du sacrifice et de la fraternité, l'homme se sentit grandir; il reconnut son Dieu, la noblesse de sa propre nature et ses hautes destinées ; en même temps il devint humble et pénitent, pour ne pas déchoir et rester conforme à son divin modèle.

L'église chrétienne fut l'école de l'affranchissement et du respect ; sous son influence la doctrine du sacrifice fut comprise et pratiquée.

Cette doctrine est nécessaire à l'individu comme à la société ; elle les sauvegarde l'un et l'autre ; *Sustine et abstine ; Supporte et abstiens-toi.* Cette maxime de la sagesse antique est d'une grande vérité.

Quand l'homme, se préférant à tout, recherche exclusivement sa satisfaction personnelle, il se corrompt par ses excès ; il se ruine moralement et physiquement : ce n'est plus qu'un esclave traînant sa chaîne.

La loi religieuse qui nous crie : *Sobrii estote ; Soyez sobres* (1), est essentiellement conservatrice.

Subordonner à son orgueil toute considération religieuse ou morale n'est pas seulement un crime contre soi-même, c'est un crime contre la société.

La société n'est assise qu'autant que les indi-

----

(1) St-Pierre. — Ep. I, Ch. V, V. IIX,

vidus concourent, par des sacrifices réciproques, à la commune harmonie.

L'ordre public, qui résulte de l'union des volontés concourant au bien général, est une garantie de force et de durée.

L'amour exclusif de soi produit les déchirements : mais l'égoïsme s'efface devant la croix ; la vertu vivifiante de la croix ouvre le cœur et inspire la fraternité. Toutes les classes se donnent la main : l'ouvrier est sobre dans ses désirs et résigné à sa condition ; le riche, ne se considérant que comme le dépositaire de sa fortune , honore et soulage ceux qui travaillent et qui souffrent ; les distinctions sociales ont leur racine dans les mœurs publiques.

La prospérité des sociétés humaines ou leur ébranlement sont en raison de la force ou de l'amoindrissement de ces doctrines.

Vous aimerez le Seigneur votre Dieu de tout votre cœur, de toute votre âme, de toutes vos forces, et votre prochain comme vous-même , pour l'amour de Dieu (1).

Telle est la loi fondamentale. Se dévouer , Messieurs et mes frères, en est une conséquence. Se dévouer, c'est se sacrifier à Dieu , en reconnaissance de son sacrifice, manifestation de l'amour

(1) St-Mathieu. — Ch. XXII, V. XXXVII.

infini ; c'est accepter la loi du travail et les rigueurs de sa position ; c'est soumettre ses penchants, quelle qu'en soit la violence , aux prescriptions de la loi divine.

Tel est le chrétien dans sa vie intime.

Faut-il opter publiquement entre Dieu et les hommes, entre sa fortune , sa vie et le devoir... le dévouement devient une loi.

L'homme qui se dévoue s'oublie lui-même ; il devient supérieur à l'humanité ; son exemple imprime à tous un sentiment de respect et d'enthousiasme qui élève au-dessus de ce monde ; le dévouement, c'est l'idéal du beau, du vrai et du bien ; le dévouement est le dernier espoir de la patrie , le salut de la société dans les crises suprêmes.

Dans l'antiquité, l'amour de la patrie était le mobile des grandes actions; se dévouer pour elle était s'égaler aux Dieux. Cette noble sentence du poète : *Dulce et decorum pro patriâ mori ; il est doux et glorieux de mourir pour la patrie* , exprimait le sentiment public. La reconnaissance et les hommages de tous étaient acquis aux héroïques défenseurs de la cité ; les hymnes nationaux en perpétuaient le souvenir; on s'inclinait aux Thermopyles devant le tombeau de Léonidas et de son immortelle phalange; on répétait avec un enthousiasme religieux , et comme un enseignement public, la glorieuse épitaphe : *Passant, va dire à Lacédémone que nous sommes morts ici pour obéir à ses lois.*

Tel fut le dévouement chez les anciens; mais la gloire en était le prix : ils posaient devant les contemporains et la postérité.

Le dévouement chrétien est d'une autre nature: il a Dieu pour principe et pour fin ; il ne s'applique pas seulement à la patrie, mais au devoir en général, en tout temps et en tout lieu, et quelles que soient les difficultés.

C'est que l'*amour* de Dieu , sentiment inconnu aux peuples païens, est le phénomène permanent du christianisme. Jésus-Christ, créateur et sauveur, Dieu et homme tout ensemble, est toujours vivant au sein de l'humanité chrétienne. Tandis que l'indifférence ou l'oubli, second linceul des morts, recouvrent fatalement, après leur décès, les plus grands hommes, quels qu'aient été leur puissance et leur éclat, Jésus, comme il l'a voulu et prophétisé, est souverainement aimé et adoré ; depuis plus de dix-huit siècles, des millions d'âmes sont comme annexées à la sienne ; il les dirige , il les inspire, il est l'objet de leurs aspirations et de leurs désirs. Reconnaissez , à cette puissance qui n'appartient qu'à lui, le *Verbe* qui a fait notre cœur et les mondes ! Voilà le principe toujours fécond de la charité et du sacrifice , caractères distinctifs de la société catholique , car c'est là qu'est la vie morale dans sa plénitude.

Comprenez maintenant les quinze millions de martyrs des trois premiers siècles de l'église ; comprenez les austérités que s'imposaient , en expiation des infamies païennes , et pour honorer les souffrances de J.-C., des légions de pénitents; comprenez le dévouement d'un épiscopat personnifié dans les Ambroise, les Augustin , les Chrisostôme, les Athanase, alors que l'empire romain était envahi par les Barbares et la décomposition... C'était, a dit M. Villemain , des fondateurs inspirés au milieu des ruines.

Comprenez les religieux de St-Benoist, sacrifiant les passions vives de notre nature , c'est-à-dire : faisant vœu de pauvreté, de chasteté, d'obéissance, pour, au sein de la solitude sanctifiée par la prière, défricher le sol, copier et transmettre les œuvres du génie, alors que, après les invasions successives des Barbares , les ténèbres de l'ignorance couvraient l'Europe entière ; voyez-vous ces armées de travailleurs, à la robe de bure, préparant les voies à la civilisation moderne, quand , au moyen âge, un orgueilleux baron aurait cru déroger s'il avait su signer son nom ou diriger la charrue !

Comprenez ces hospices consacrés au soulagement de toutes les douleurs, ces vierges dévouées aux offices les plus rebutants , n'ayant d'autre famille que les pauvres et les infirmes; comprenez ce prosélytisme ardent de l'apostolat chrétien , qui, bravant tous les périls pour annoncer J.-C. , continue l'œuvre des Apôtres , et , aujourd'hui comme autrefois, verse son sang pour l'Évangile!

Pourrais-je, quand je le voudrais, nommer tous les martyrs de la vérité, tous les héros de la charité chrétienne ! les annales du monde nous présentent, à toutes les époques, ces grands caractères évangéliques, et des institutions nouvelles, suscitées par le génie chrétien , pour subvenir à des besoins nouveaux .

Sans remonter à des temps bien anciens, peuton oublier ces illustrations de l'héroïsme chrétien ... Saint Charles Borromée et la peste de Milan; Saint Vincent de Paul et les prodiges toujours subsistants de sa charité ; l'évêque de Belzunce et la peste de Marseille , et, dans nos jours de malheurs, l'archevêque de Paris mourant pour son troupeau ! Que tout nom , que toute langue les bénisse ! Tels sont les fruits de la doctrine chrétienne du sacrifice.

Parler du dévouement , c'est nécessairement parler de la France, le plus beau royaume de la création, après le ciel, selon la belle expression de Grotius ; de la France, toujours et partout dévouée à la cause sacrée de la civilisation chrétienne. Parcourez son histoire : Avant comme depuis les Croisades, ses actes publics concourent à l'œuvre providentielle : *Gesta Dei per Francos.* Ainsi nos pères qualifiaient son histoire. La France se dévoue pour l'Europe, et la France a toujours quelques-uns de ses enfants prêts à se dévouer pour elle; qu'ils s'appellent Jeanne d'Arc, Mathieu Molé, d'Assas et autres, il n'y a point d'exception de condition ni de sexe. Voilà ses titres à l'admiration du monde.

Oui, Messieurs et mes frères, il est doux, il est beau de se dévouer, *Dulce et decorum;* mais la loi du sacrifice ne peut être qu'exceptionnellement accomplie en dehors du principe chrétien.

Dès que ce principe s'affaiblit, l'égoïsme inné se réveille; il surexcite les ambitions, les appétits, prépare les conflits et relâche tous les liens sociaux ; l'appétit des jouissances est la ruine des sociétés.

Quoique fassent les hommes, quelles que soient les inventions sociales imaginées par des sectaires, il y aura toujours ici-bas inégalité de condition et de fortune, comme il y a inégalité d'intelligence, inégalité de travail, inégalité d'économie, inégalité de mérites.

Ces inégalités providentielles doivent produire le concours réciproque de tous les concitoyens: C'est l'apologue des membres et de l'estomac :

D'un côté, sobriété dans la jouissance et dévouement à la classe laborieuse et souffrante ; de l'autre, résignation personnelle à la loi du travail et aux privations fatalement inévitables d'ici-bas. Conséquemment, la loi du sacrifice est obligatoire pour tous : mais elle contrarie la nature ; il est nécessaire que Dieu intervienne et qu'il nous rende possible ce qui dépasse les forces humaines. Écoutons Montaigne: *La poignée ne peut être plus grande que le poing, la brassée plus grande que le bras... L'homme ne peut monter au-dessus de soy et de l'humanité.. Il s'eslevera , si Dieu lui preste extraordinairement la main; c'est à nostre foi chrétienne de prétendre à cette divine et miraculeuse métamorphose.*

Écoutons Plutarque : *Il est aussi impossible de bâtir une maison dans l'air , que de constituer une cité sans croyances.*

En effet, le lien social se dissout en même temps que les croyances ; avec l'amour de Dieu s'éteint l'amour du prochain; chacun concentre ses espérances en ce monde ; on ne vit que pour soi et les jouissances matérielles ; on recherche la fortune par tous les moyens ; on use et on abuse de cette fortune; les classes laborieuses, corrompues par l'exemple, repoussent comme une chimère les saintes doctrines de la Croix, et la résignation comme une lâcheté ; frémissant contre le joug

d'une société régulière, elles veulent s'affranchir
à tout prix, et s'asseoir comme les autres au ban-
quet des jouissances.

Le progrès de la civilisation et des lumières
n'est point un préservatif contre ces calamités : il
n'y a pas de civilisation véritable sans les mœurs.
La raison humaine fut-elle jamais plus ornée
que dans les dernières années de la république
romaine ! Les hommes parlèrent-ils jamais un
plus beau langage ! Était-il éclairé ce peuple-roi
qui se pressait au forum, pour entendre et appré-
cier les magnifiques harangues d'Hortensius et de
Cicéron ! Alors, la jeunesse allait étudier l'éloquence et la philosophie dans la brillante et vo-
luptueuse Athènes ; c'était le règne des arts, de la
délicatesse, de l'éloquence et du goût. C'était
aussi le règne absolu du plaisir et de l'argent.
Virtus post nummos, a dit Horace, caractérisant
l'époque. Alors, la plus éclatante poésie avait
préconisé le système d'Epicure, conspué les ma-
ximes antiques ; alors, toutes les grâces de l'esprit, toutes les séductions du style étaient ordi-
nairement consacrées à la volupté.

Mais aussi les proscriptions de Marius et de
Sylla avaient désolé Rome et l'Italie ; mais la
conjuration de Catilina avait épouvanté l'univers;
mais les guerres civiles du Triumvirat, qui fut le

tombeau de la république, avaient fait couler des flots de sang.

Cette gangrène corrompit graduellement toutes les classes et tous les âges. Soixante-quinze ans plus tard, Juvénal s'écriait dans ses brûlantes satires : *Qu'il y ait un séjour réservé aux méchants, et une justice vengeresse après la mort, les enfants n'y croient plus.* Écoutez quelle estime on faisait du pauvre : *Le pauvre est censé mépriser la foudre et les Dieux, et les Dieux dédaignent de se venger.* Épargnez-moi le tableau des mœurs de cette époque.

Le monde civilisé n'était plus qu'une abominable orgie, lorsqu'enfin, victorieuse de ses bourreaux, l'Église chrétienne sortit des Catacombes, et, armée de la croix, son immortel drapeau, proclama aux oreilles de tous la pénitence, le sacrifice et la fraternité.

Faites pénitence et croyez à l'Évangile. — Cherchez premièrement le royaume de Dieu et sa justice, et le reste vous sera donné comme par surcroît. — Rendez à César ce qui est à César et à Dieu ce qui est à Dieu. — Voici quel est mon précepte : C'est que vous vous aimiez les uns les autres. — Soyez miséricordieux comme votre père est miséricordieux. — Bienheureux les pauvres de

gré. — Bienheureux ceux qui ont le cœur pur. —
Bienheureux ceux qui pleurent (1).

Voilà l'Evangile, voilà les principes éternelle-
ment vrais de toute société régulière ; en dehors,
il n'y a plus que de lamentables déchirements.
Dieu seul peut assouplir les passions humaines et
les transformer en vertus ; Dieu seul commande
aux éléments.

Oui, Messieurs et mes frères, le travail est un
des éléments essentiels de la prospérité publique;
mais le travail a ses amertumes ; mais la société
a besoin de dévouements et de sacrifices ; or, le
christianisme seul réhabilite le travailleur et le
fortifie contre le désespoir et les convoitises; seul
il purifie le cœur et constitue la vraie fraternité.

Qu'il exerce sur la société sa divine influence,
et le travail chrétien, honoré et soutenu,
devient une des bases de l'ordre social ; et
l'agriculture, cet art le plus nécessaire et le plus
pur, n'est plus délaissée ; les campagnes sont
fécondées par des générations pleines de mora-

---

(1) St-Marc. — Ch. I, V. XV.
St-Mathieu. —'Ch. VI, V. XXXIII.
St-Mathieu. — Ch. XXII, V. XXI.
St-Jean. — Ch. XV, V. XII.
St-Luc. — Ch. VI, V. XXXVI.
St-Mathieu. — Ch. V, V. III, IIX et V.

lité et de vigueur ; les traditions de famille se perpétuent ; les habitudes restent simples , frugales et honnêtes; là est le plus solide espoir de la patrie dans la paix comme dans la guerre.

Il disait vrai le poète de Mantoue : *Heureux et trop heureux l'habitant des campagnes , s'il connaissait son bonheur!* Qu'il ne déserte pas le foyer, qu'il aime ses champs et la simplicité paternelle , loin des grandes villes où il puiserait, avec l'amour du plaisir, des habitudes d'intempérance et d'irréligion.

Ces principes sont les vôtres, Messieurs ; vous placez l'agriculture au premier rang des arts ; vous voulez qu'elle soit honorée, pratiquée, encouragée. Vous estimez qu'il a bien mérité de son pays, le cultivateur dont les procédés améliorent la terre et en augmentent les produits. Vous serez heureux de proclamer son nom, et de lui décerner la récompense méritée. Ainsi , vous excitez une émulation dont le résultat est utile à tous. Vous n'oubliez pas le serviteur qui a prêté à son maître le concours de sa laborieuse probité. Votre œuvre est éminemment sociale.

Avant que de commencer vos opérations , vous avez voulu invoquer Celui qui féconde le travail et inspire le sacrifice et la fraternité : que Dieu bénisse et vous-mêmes et votre œuvre ! qu'il nous

donne à tous le désir des biens éternels , plus
encore que le désir des biens de ce monde péris-
sable ! qu'il féconde nos campagnes et fasse suc-
céder , comme présentement, l'abondance à la
stérilité! qu'il conserve longtemps à la France
son auguste Chef, et entre tous nos concitoyens
la paix et la concorde !

CLAMECY, IMP^e ET LITH^o DE CÉGRÉTIN.

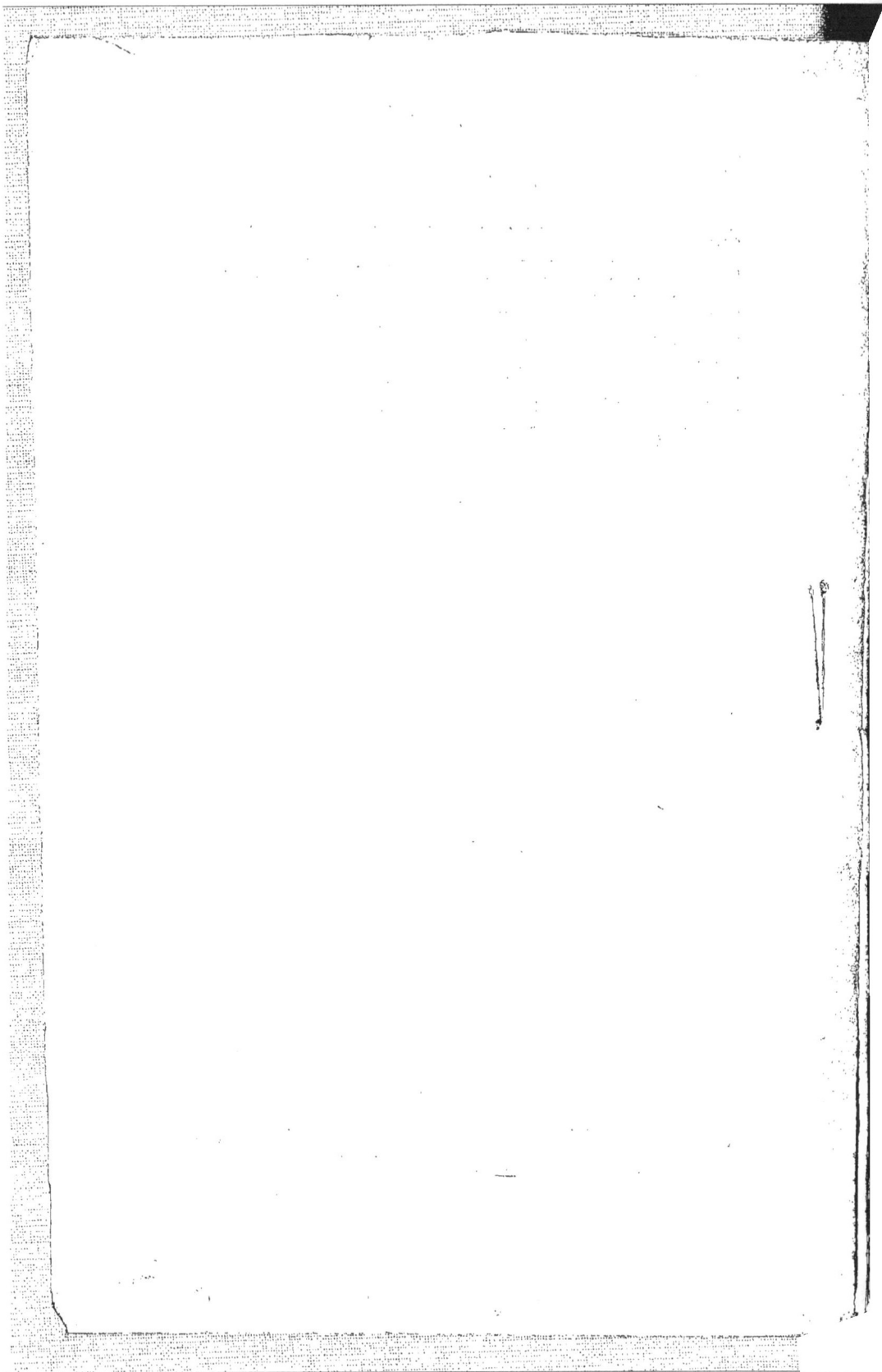

www.ingramcontent.com/pod-product-compliance
Lightning Source LLC
Chambersburg PA
CBHW061809040426
42447CB00011B/2564